Teach Your Dog

GAELIC

Teach Your Dog

GAELIC

Anne Cakebread

Thank you to:
Helen, Marcie, Frieda and Lily, my family,
friends and neighbours in St Dogmaels for all
their support and encouragement, Carolyn at
Y Lolfa and Beathag Mhoireasdan for Gaelic
translations and pronunciations.
Tapadh leat

First impression 2019

© Anne Cakebread & Y Lolfa Cyf., 2019

Illustrations and design by Anne Cakebread

ISBN: 978-1-912631-11-7

Published and printed in Wales on paper from well-maintained
forests by Y Lolfa Cyf., Talybont, Ceredigion SY24 5HE
e-mail ylolfa@ylolfa.com
website www.ylolfa.com
tel 01970 832 304
fax 832 782

Teach
Your Dog
Gaelic

"Hello"

"Ha-lò"

pron:
"Ha-low"

"Come here"

"Thig an seo"

pron:
"Hig an shaw"

"Don't!"

"Sguir dheth!"

pron:
"Sg<u>oo</u>th yeh!"

'oo'
as in
'b<u>oo</u>t'

"Do you want
a cuddle?"

**"A bheil thu ag
iarraidh cudail?"**

pron:
*"Uh vale
<u>oo</u> ag
ee-a-ry
cud-l?"*

'oo'
as in
'b<u>oo</u>t'

"Catch!"

"Beir air!"

pron:
"Bare-th air-th!"

'th'
as in
'pa*th*'

"Fetch!"

"Faigh e!"

pron:
"Fa-ee eh!"

"Leave it!"

"Fàg e!"

pron:
"Fa-ag eh!"

"Sit!"

"Suidh!"

pron:
"Soo-ee!"

"No!"

"Chan eil!"

pron:
"<u>Ch</u>an ale!"

'<u>Ch</u>'
as in
'Lo<u>ch</u>
Ness'

"Stay!"

"Fuirich!"

pron:
"Foo-th-i<u>ch</u>!"

'ch'
as in
'Lo<u>ch</u>
Ness'

"Bathtime"

"Àm nighe san amar"

pron:

"Ah-oom nee-ya san am-ar"

"Bedtime"

"Àm cadail"

pron:
"Ah-oom cad-ill"

"Lunchtime"

"Àm lòn"

pron:

"Ah-oom lawn"

"Are you full?"

"A bheil thu làn?"

pron:

"Uh vale oo lawn?"

"All gone"

"Uile deiseil"

pron:
"Oo-luh deesh-all"

"Good morning"

"Madainn mhath"

pron:
"Mad-in va"

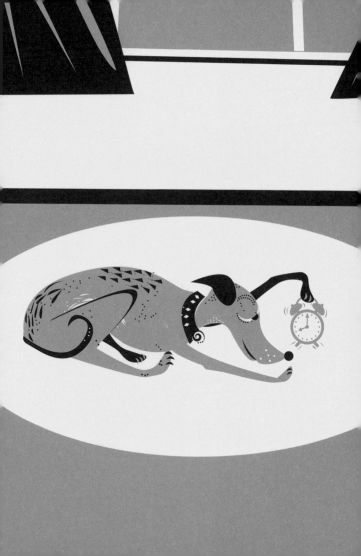

"Goodnight"

"Oidhche mhath"

pron:
"Oo-ee-chya va"

'ch'
as in
'Loch
Ness'

"Don't scratch"

"Na bi a' sgrìobadh"

pron:

"Na bee ah sgree-b-uh"

"Let's go..."

"Tiugainn..."

pron:
"Tewk-in..."

"Go down"

"Theirig sìos"

pron:
"Hair-ick she-ass"

"Up you go"

"Suas leat"

pron:
"Soo-ass lee-at"

"Go straight ahead"

"Lean ort"

pron:
"Lee-en orsht"

"Go left"

"Gu clì"

pron:
"Goo clee"

"Go right"

"Gu deas"

pron:
"Goo dee-ass"

"Turn left"

"Tionndaidh clì"

pron:
"Tune-da-ee clee"

"Turn right"

"Tionndaidh deas"

pron:
"Tune-da-ee dee-ass"

"Get down!"

"Sìos!"

pron:
"She-ass!"

"Do you
want to play?"

"A bheil thu
airson cluich?"

pron:

"Uh vale oo arson

cloo-eech?"

'ch'
as in
'*Loch*
Ness'

"Lie down!"

"Laigh sìos!"

pron:
"La-ee she-ass!"

"Say 'please'!"

"Can
'mas e
do thoil e'!"

pron:
"Can 'mass eh
daw haul eh'!"

"Can I have...?"

"Am faigh
mi ...?"

pron:
**"Am fa-ee
me ...?"**

"Can I have the ball?"

**"Am faigh
mi bàla?"**

pron:
"Am fa-ee me bah-luh?"

"Can I have
a cup of tea?"

**"Am faigh mi
cupan teatha?"**

pron:
**"Am fa-ee me
cop-an tay-uh?"**

"Can I have
a piece of cake?"

"Am faigh
mi pìos cèic?"

pron:

*"Am fa-ee
me peas
ceh-ic?"*

"Very clever"

"Glè ghlic"

pron:
"Glay yil-ick"

"It's warm"

"Tha e blàth"

pron:
"Ha eh blaah"

"It's cold"

"Tha e fuar"

pron:
"Ha eh foo-ar"

"It's hot"

"Tha e teth"

pron:
"Ha eh tee-eh"

"It's raining"

"Tha an t-uisge ann"

pron:

"Ha an too-sh-g<u>ee</u>-ah an"

'gee' as in 'g<u>ee</u>se'

"Are you happy?"

"**A bheil thu toilichte?**"

pron:

"*Uh vale oo tawl-ee-tchuh?*"

'oo' as in '**boo**t'

'ch' as in '**ch**eese'

"Who's snoring?"

"Cò aige
tha srann?"

pron:
"Co egg-ah
ha
str-a-oon?"

'Co'
as in
'cope'

"Have you got enough room?"

"**A bheil rùm gu leòr agad?**"

pron:

"Uh vale room goo lee-awr ag-at?"

"I won't be long"

"Cha bhi mi fada"

pron:

"<u>Cha</u> vee me fa-duh"

'Ch' as in 'Lo<u>ch</u> Ness'

"Be quiet!"

"Bi sàmhach!"

pron:
"Bee saa-v-a<u>ch</u>!"

'ch'
as in
'Lo<u>ch</u>
Ness'

"Who did that?"

"Cò rinn siud?"

pron:

"Co ra-een shoot?"

'Co'
as in
'cope'

"There's a queue
for the loo"

**"Tha ciutha aig
an taigh-bheag"**

pron:
*"Ha cyoo-ah
eeg an ta-ee-vay-g"*

'g'
as in
'got'

1

"**aon**"

pron:
"uh-n"

2

"**dhà**"

pron:
"y-ah"

3

"trì"

pron:
"tree"

4

"ceithir"

pron:
"kay-hir"

5

"còig"

pron:
"co-ick"

6

"sia"

pron:
"she-ah"

7

"seachd"

pron:

"she-a<u>ch</u>k"

'ch'
as in
'Lo<u>ch</u>
Ness'

8

"ochd"

pron:

"<u>oh</u>-<u>ch</u>k"

'oh'
as in
'<u>O!</u>'

'ch'
as in
'Lo<u>ch</u>
Ness'

9

"naoi"

pron:
"nuh-ee"

"Thank you"

"Tapadh leat"

pron:
"Tapa lee-at"

"Merry Christmas"

"Nollaig Chridheil"

pron:

"Naw-lick Chree-awl"

'Ch'
as in
'Lo<u>ch</u>
Ness'

"Congratulations!"

"Meal do naidheachd!"

pron:

"Mee-al daw nuh-ee-a<u>ch</u>k!"

'ch' as in 'Lo<u>ch</u> Ness'

"Happy Birthday"

"Co-là-breith sona dhut"

pron:

"Co-laa-breh son-uh ye-oot"

'Co'
as in
'cope'

'so'
as in
'sock'

"I love you"

"Tha gaol
agam ort"

pron:
"Ha goo-al
agam orsht"

"Goodbye"

"Mar sin leat"

pron:
"Marr shin lee-at"

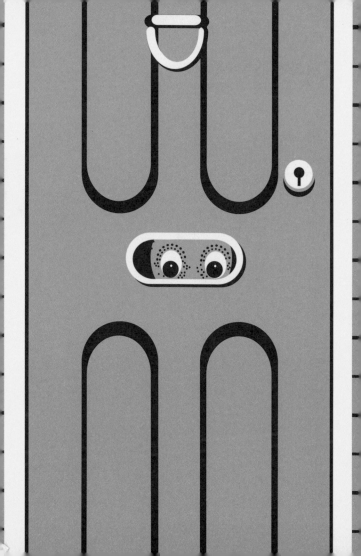

Other titles in this series include:

Teach Your Dog Welsh
Teach Your Cat Welsh
Teach Your Dog Cornish
Teach Your Dog Māori
Teach Your Dog Japanese
(Rugby World Cup 2019 Travel Edition)
Teach Your Dog Irish